A LISTA

A LISTA

Gustavo Pinheiro

Sumário

APRESENTAÇÃO,
por Pedro Bial   9

A LISTA   11

Para minha mãe, uma das pessoas "com uma história para contar por trás das milhares de janelinhas de Copacabana".

Para Manuel Valle, mais uma vez e sempre.

Apresentação

Olha que esquisito, que aparente contradição. Por ser, de todas as artes, a que precisa de menos, de quase nada, para acontecer, foi o teatro quem mais sofreu com a pandemia. Porque o teatro só exige uma coisa, justo o que se tornou impossível: a presença do outro.

A *live* de um show, continua sendo um show; a *live* de uma peça, é uma *live*. Mesmo assim, profissionais da obstinação que são, os atores resistiram e insistiram. Passaram a se apresentar de casa mesmo; depois, de palcos, em teatros vazios; criaram novos textos; inventaram novas máscaras, para não deixar ninguém esquecer das velhas, da mais velha das artes cênicas.

Dois anos depois da decretação da "distopia pandêmica", uma peça, que nasceu online, estreia, transfigurada, no palco.

A Lista conta a história de duas vizinhas que se encontram, se apoiam e se estranham durante o isolamento social. Em cena, duas atrizes de gerações diferentes, unidas por laços de talento, amor à arte e laços de sangue também, mãe e filha que são.

Giulia Bertolli, em início de carreira, já enfrentou mais bastidores e sets de filmagem que muito ator veterano; Lilia Cabral, estrela da tevê, do teatro e do cinema, o Brasil assiste e admira há quase 40 anos.

Pedro Bial

A LISTA

de Gustavo Pinheiro

Ó vida futura! Nós te criaremos.

"Mundo grande", Carlos Drummond de Andrade

A Lista estreou em São Paulo, em 12 de março de 2022, no Teatro Renaissance.

Texto
Gustavo Pinheiro

Direção
Guilherme Piva

Cenógrafo e figurinista
JC Serroni

Iluminador
Wagner Antônio

Direção de movimento
Marcia Rubin

Elenco
Lilia Cabral
Giulia Bertolli

Atriz em áudio
Guida Vianna

Mixagem
Diogo Perdigão

Assessoria de imprensa
Adriana Balsanelli e Renato Fernandes

Design gráfico
Gilmar Padrão Jr. e Think Digital

Fotógrafo da programação
Pino Gomes

Fotógrafo de cena
Bob Sousa

Fotógrafo social
Jonatas Marques

Técnicos de montagem / luz
Leo Sousa e Lucas JP Santos

Técnico de som
Thiago Silva

Diretor de cena
Will Siqueira

Assistente de cenário e figurino
Natália Campos, Priscila Soares e Samara Pavlova

Pintura de telão
Samara Pavlova

Produção de cenografia SP
Carol Batista

Cenotécnico RJ
Humberto Jr.

Cenotécnico SP
José da Hora e Wagner Almeida

Confecção de figurino
Fábio Ferreira

Direção de produção
Celso Lemos

Realização
Realejo Produções Culturais Ltda.

Personagens

LAURITA: Na casa dos 60 anos, apesar da aparência mais velha. Professora primária aposentada. Uma senhora solitária de Copacabana. Dois dedos de raiz branca nos cabelos, presos por grampos. Veste um robe. Brinco de pérolas falsas nas orelhas. Pantufas. Ela respira fundo de vez em quando, como se lhe faltasse o ar.

AMANDA: Tem cerca de 20 anos. Cantora lírica. Usa calça jeans, camiseta e tênis.

AMIGA DE LAURITA: *Voz em off*

Cena 1

Sala do apartamento de Laurita em Copacabana, representado apenas por duas poltronas e uma mesa.

Sentada na poltrona, Laurita escuta, no viva voz do celular, uma mensagem de grupo do WhatsApp. Ela vai reagindo ao áudio com movimentos da cabeça.

AMIGA DE LAURITA:
[*voz em off*] Oi, meninas, boa noite a todas do grupo. Meus amores, eu tô passando aqui no zap só pra dividir com vocês uma coisa que me deixou cho-ca-da! É que o filho do sobrinho de uma amiga disse que tem um colega que trabalha no... trabalha aonde, meu Deus?!... Ele trabalha no... Bom, esse menino disse que ninguém sabe ainda o risco real de contágio. Todo cuidado é pouco. Eu mesma estou fazendo o que posso. A minha aposentadoria vai quase toda pra pagar o Uber da Margarete. Vem lá de Deus me livre, disse que mora com quatro filhos e seis netos, que não pode se arriscar em ônibus, tá chique a Margarete, de carro pra cima e pra baixo... Mas eu não posso ficar sem ela... Com o Luiz André o dia inteiro aqui, vocês imaginam como fica a casa. Quem é que vai fazer a faxina? E a Margarete

gosta de vir trabalhar! Eu vejo. Eu sinto. Vocês sabem que ela é como se fosse da família. Bom, é isso, amigas: resiliência. Está difícil, mas vamos superar! [*muda o tom, frívola*] Ah! Laurita, ontem eu fiz aquela sua receita de bom-bocado. Menina, o meu não cresceu, é assim mesmo ou será que eu errei alguma coisa? Mas ficou uma delícia...!

Toca a campainha. Laurita sai do WhatsApp.

LAURITA:
[*grita em direção à porta*] Quem é?

AMANDA:
[*fora de cena*] Sou eu!

Laurita reconhece a voz de Amanda.

LAURITA:
Ah! Só um instantinho.

Laurita "se arma" com uma máscara cobrindo o nariz e a boca. Pega um pano e o álcool e abre a porta para Amanda, que traz nas mãos quatro sacolas de supermercado cheias. Ela não usa máscara.

LAURITA:
[*seca*] Eu gosto de receber as compras até as nove horas da manhã. Você sabe muito bem. Cadê a sua máscara? Você não devia estar sem máscara!

AMANDA:
[*se atrapalha, finge procurar a máscara nos bolsos*] Eu estava de máscara até agora, eu tirei só pra...

LAURITA:
[*interrompe*] Dá um passinho pra trás, dá, menina?! Tira o sapato!

Amanda recua e descalça os tênis.

LAURITA:
O papel higiênico?

AMANDA:
Tá tudo aí.

LAURITA:
Eu não posso ficar sem papel higiênico.

AMANDA:
Ninguém pode ficar sem papel higiênico.

LAURITA:
Eu não tô vendo a nota...

Amanda entrega a nota fiscal a Laurita.

AMANDA:
Faltaram cinco reais e vinte centavos.

Para pegar a nota fiscal, Laurita borrifa álcool na direção de Amanda.

LAURITA:
[*entre surpresa e ressabiada*] Engraçado... eu dei o dinheiro certinho.

AMANDA:
O tomate aumentou muito...

LAURITA:
[*interrompe, contrariada*] Tá, tá, tá! Minha carteira tá lá dentro. Você não mexe em nada não, tá? Dá licença, que eu vou encostar a porta. O Bartolomeu não gosta de gente.

AMANDA:
Engraçado Shih Tzu não gostar de gente, é uma raça tão dócil.

LAURITA:
Não é Shih Tzu, é pequinês. É o Bartolomeu. E ele não gosta. Bom, eu vou pegar o dinheiro.

AMANDA:
[*sutilmente orgulhosa*] Não precisa. O dinheiro, não precisa.

Breve silêncio. Laurita se volta na direção das compras, sem agradecer. Amanda se calça novamente.

AMANDA:
[*provoca*] De nada.

LAURITA:
Eu vou tirar essa máscara, pra quem sofre de enfisema, isso daqui já é um pé na cova.

AMANDA:
[*para si mesma*] Não devia ficar de máscara...?

Laurita confere as compras.

LAURITA:
Eu não entendo qual é a dificuldade de comprar chicória. Toda semana a mesma coisa. Tá escrito chicória na lista e você me aparece com espinafre. Chicória não tem nada a ver com espinafre. Será que é tão difícil? [*mexe nas compras*] Banana? Banana não tá na lista! Banana tava na lista?

AMANDA:
Não, banana não tava na lista.

LAURITA:
O que é que essa banana tá fazendo aqui?

AMANDA:
[*ligeiramente ousada*] O preço estava bom. Comprei.

LAURITA:
Mas eu não como banana! Banana-da-terra, ainda por cima, que não me rende nem uma cuca! Eu não vou pagar por essa banana, viu?! Você tem ideia de quanto tá custando a vida, menina? Eu não vou pagar por uma coisa que eu não vou comer!

AMANDA:
A senhora deveria comer banana.

LAURITA:
E por quê?

AMANDA:
Porque é bom para os ossos.

LAURITA:
Sabe o que faz bem pros ossos? Respeitar a lista de compras. Se existe uma lista, que você respeite a lista! E de onde você tirou que eu tenho problema nos ossos?

AMANDA:
Todo idoso tem problema nos ossos. Osteoporose, artrose...

LAURITA:
Mas eu não tenho problema nos ossos. Meu problema é o enfisema.

Imediatamente entra um som ensurdecedor de furadeira.

LAURITA:
Foi isso a semana inteira. Espírito de porco. A pessoa espera todos os vizinhos estarem de castigo trancados em casa pra trabalhar com a furadeira. [*lembra*] Ah, menina, tem Semana da Limpeza, eu queria que você fosse me buscar uma garrafa de água sanitária porque... [*para o vizinho de cima, com a vassoura na mão*] Já interfonei, já gritei, já bati com a vassoura no teto. Nada.

AMANDA:
Eu... eu não sei... as suas compras... eu não sei se eu vou poder continuar...

LAURITA:
Essa juventude, eu vou te contar... Toda cheia de palavra de ordem, toda "fica em casa"... Quem foi que saiu por aí se oferecendo para fazer as compras do prédio? Não foi você? Aí depois que a pessoa aceita, você desiste? Isso é compromisso? É por isso que este país tá do jeito que tá!

AMANDA:
Dona Laurita, a senhora tem ideia de quanto tempo eu tô fazendo as suas compras?

Laurita se cala por instantes, fazendo contas e nitidamente perdida no tempo.

LAURITA:
Não interessa, ô menina! Não interessa! Você se ofereceu, você tem que cumprir.

AMANDA:
Mas as suas compras estão aqui... Poxa, tá difícil pra mim.

LAURITA:
E você acha que não tá difícil para mim também? Meses trancada neste apartamento! Meses sem poder dar um pulinho no Mundial, sem dar um pulinho na Venancio? Eu olhando pro focinho prognata do Bartolomeu e o Bartolomeu olhando pro meu focinho. Isso é vida? As minhas amigas são completamente diferentes de mim, saracoteando por aí, tudo é uma desculpa pra sair de casa: um pulinho no calçadão, um pulinho na padaria... Na padaria! Eu já falei pra Olga: congela o pão, Olga, congela o pão e mete no forninho, que ele fica como novo. Agora pergunta se a Olga congela o pão?

Amanda a escuta, em silêncio.

LAURITA:
Eu falei pra perguntar, menina. Pergunta se a Olga congela o pão.

AMANDA:
A... Olga... congela... o pão?

LAURITA:
É claro que a Olga não congela o pão! Que pergunta! Olga saiu no sereno com a máscara no queixo, constipou, já fica logo todo mundo naquela agonia: "Olga pegou corona, Olga não pegou corona"! Sim, porque agora a gente não pode mais pegar um resfriado! Experimenta tossir em público! Experimenta! Te olham como se você fosse a Mulher da Foice! Mas eu, não! Eu vou ficar bem viva, só pra me vingar! Eu, que sempre me virei, tô dependendo da bondade de uma pessoa que não sabe a diferença entre chicória e espinafre.

AMANDA:
Me oferecer para fazer as compras dos vizinhos foi um gesto de gentileza da minha parte. Só a senhora reclama.

LAURITA:
Bem fez a Dona Mercedes, do 401, que bateu com a porta na tua cara.

AMANDA:
Aí, tá vendo? É isso o que eu ganho por me oferecer pra fazer as compras de uma pessoa que não entra no elevador comigo.

LAURITA:
Eu não entendi... Que história é essa?

AMANDA:
A senhora achou que eu não percebia? Quando me via lá dentro, a senhora se escondia atrás da porta!

LAURITA:
[*se explica, sem perder a pose*] O Bartolomeu estranha pegar elevador com outras pessoas.

AMANDA:
[*insiste*] Ou a senhora não fazia nem questão de esconder?

LAURITA:
[*desconversa, procura o cachorro*] Cadê o Bartolomeu?

AMANDA:
Bom, suas compras estão entregues. Com licença.

LAURITA:
Espera... Com licença não, ô... essa coisinha... [*tenta se lembrar do nome*]

AMANDA:
Amanda.

LAURITA:
Isso. Amanda... Essa menina... Numa passada rápida de olhos eu já achei espinafre no lugar da chicória e banana-da-terra que eu nem pedi. Eu preferia que você esperasse eu conferir as compras, você se importa?

AMANDA:
Se eu me importo? Imagina. Eu tô adorando a sua desconfiança.

Breve pausa constrangida entre elas.

LAURITA:
Desculpa. Você... quer um café?

AMANDA:
[*surpresa*] Café? A senhora nunca me ofereceu nem um copo d'água!

LAURITA:
Entra, entra, tira o sapato...

Amanda entra.

AMANDA:
Bom, dá licença, então.

LAURITA:
Quer uma fatia de bom-bocado? Olha que o meu bom-bocado não é de se recusar, hein...

AMANDA:
[*ainda surpresa com a oferta, mas firme*] Não, obrigada.

LAURITA:
Senta... Só não repara na bagunça, a casa tá assim meio desfalcada porque eu tive um pequeno acidente doméstico. Você se lembra daquela vela de sete dias que eu pedi pra você comprar?

AMANDA:
Sim, aquela da loja de despacho da Barão de Ipanema.

LAURITA:
Então, eu limpei a vela todinha com álcool gel, que nem mandam no zap. Botei a vela pra Novena do Sagrado Coração de Jesus no altarzinho da cristaleira! Você acredita que quando eu acendi a vela virou uma bola de fogo?! Menina! As labaredas lamberam a cristaleira Luís XV, lamberam meus santos todos...! Fiquei tão nervosa que quando eu fui jogar a...

AMANDA:
A água!

LAURITA:
Não! Eu confundi as garrafas! Eu joguei todo o álcool gel! A vela caiu em cima da minha banquetinha capitonê. Foi um pega pra capar! Fui no corredor gritar pro Seu Elias, ele veio correndo da portaria e me acudiu. Se não fosse o Seu Elias...

AMANDA:
Bom, pelo menos a senhora queimou todos os coronavírus.

LAURITA:
[*lamenta*] Mas eu... Eu fiquei sem a minha banquetinha capitonê.

Breve silêncio entre as duas.

LAURITA:
Tem certeza que não quer um café?

AMANDA:
Não, obrigada.

Laurita ignora a recusa e entrega a Amanda uma xícara de café.

LAURITA:
Esse pó de café ainda é da semana retrasada, acredita?!

Amanda limita-se a abrir um sorriso amarelo.

LAURITA:
Aquele café que você comprou... da marca errada. Café aqui em casa duuuuuura... Eu não posso com café todo dia: de manhã me dá taquicardia, à noite me dá insônia. Você sabe cozinhar?

AMANDA:
Não, eu não sei...

LAURITA:
Se você quiser, eu te passo a receita desse bom-bocado...

AMANDA:
Não, obrigada, eu sou péssima na cozinha!

LAURITA:
Vai ovo, leite, milharina...

AMANDA:
[*tenta interrompê-la, sem sucesso*] Eu realmente não cozi...

LAURITA:
[*fala por cima de Amanda*] Açúcar, aveia, manteiga, meia xícara de queijo ralado, colheriiiiiiiinha de fermento, canela...! Ah, e coco ralado, claro!

AMANDA:
A minha mãe é quem costumava cozinhar... [*entristece*] é que eu não gosto.

Breve silêncio entre elas.

LAURITA:
O que foi que aconteceu? Eu tô te achando meio... meio esquisita... Aconteceu alguma coisa?

AMANDA:

Esquisita? Eu? A senhora nunca me olhou na cara, de repente tá me oferecendo café, bolo...

LAURITA:

Não se pode mais ser gentil com as pessoas. Elas perderam o costume. Quando eu era professora do estado... Eu te falei que fui professora do estado por 35 anos?

AMANDA:

[*interrompe*] Desculpa. [*evasiva*] São problemas.

LAURITA:

Quer um conselho?

AMANDA:

[*surpresa*] Conselho?

LAURITA:

É! Eu sou boa de conselhos! Quer?

AMANDA:

[*estranha*] A senhora é boa de conselhos...?

LAURITA:

Por que não? Pode não parecer que eu já passei dos 60 nessa vida, mas eu sou boa de conselhos.

AMANDA:

Que tipo de conselhos, por exemplo?

LAURITA:

Deixa eu ver... Por exemplo, toda semana você me aparece aqui com um melão mais seco que o outro. Nem o Bartolomeu come, coitado. Se você apertar a bunda do melão e estiver dura, não compra: o melão tá seco. Conselhos úteis, coisas que você carrega pra vida.

AMANDA:
Anotado.

Amanda devolve a xícara para Laurita.

LAURITA:
Mas nem tomou... Tá vendo? Café aqui em casa duuuuuura... E fazer café só pra mim, que graça tem?

AMANDA:
A senhora é casada?

LAURITA:
Viúva. Graças a Deus! Homem em casa é muito chato. Homem em casa é bom até os 45, 46 anos. Depois é uma desgraça! Um dia você vai me dar razão.

AMANDA:
A senhora não sente falta dele?

LAURITA:
Até os 50 vai... Depois, homem só serve pra fazer sujeira e juntar papel. As minhas amigas estão desesperadas em casa, trancadas com os maridos!

AMANDA:
Morreu jovem?

LAURITA:
E existe idade certa pra morrer?

AMANDA:
[*lembra-se da mãe*] Com certeza, não. Doença?

LAURITA:
Tiro.

AMANDA:
Tiro?! Que merda!...

LAURITA:
A Zélia segurou a nossa poupança. Do dia pra noite, nos vimos sem nada. E o meu marido, achou mais fácil morrer, o covarde. Me deixou de herança uma pilha de dívidas e uma filha pra criar.

AMANDA:
Bom, pelo menos a senhora tem uma filha...

LAURITA:
Uma bela duma filha da puta! Doze horas por dia em pé numa sala de aula, aturando uma criança pior que a outra pra educar aquela menina... E no fim das contas, ela preferiu dar ouvidos às intrigas do marido. Aquele ali fala mal de mim com certeza, que já me contaram... Eu nunca fui com a cara dele! Mas eu avisei: "Abre teu olho, Carolina, abre teu olho..." Mas filho escuta mãe? Escuta nada. [*muda o tom, melancólica*] Uma pena, porque a gente se dava bem. A gente trocava muito uma com a outra. Antigamente ela ainda passava aqui na porta de carro, escondida do marido, pra eu ver as crianças. Hoje em dia, nem isso. Aquela ali herdou o temperamento do pai: uma fraca. No Natal ela ainda liga... mas é tão rápido, parece até que é engano. "ComÉqueTá-TudoBem-NadaDeNovo-VamosLevando" e pronto: telefone no gancho. Às vezes eu acho que ela liga só pra ter certeza de que eu não morri.

AMANDA:
Imagina...

LAURITA:
Imagina o quê?! Este apartamento é pequeno, mas vale um dinheiro! A duas quadras da praia. Região valorizada de Copacabana. Prédio familiar. Quando eu morrer, ela vai injetar este apartamento inteirinho de botox na cara dela.

AMANDA:
Bom, pelo menos ela não vai mais poder vender a banquetinha capitonê.

LAURITA:
Eu gostava tanto da minha banquetinha capitonê... [*muda o tom, melancólica*] Sabe que quando eu vim morar aqui, a gente conseguia ver o mar? Era só uma frestiiiiiiiiiinha [*abre um largo sorriso*], mas era o mar de Copacabana. [*muda o tom, frustrada*] Aí subiram esse hotel aí na frente e o mar sumiu... Aquela Copacabana sumiu. Tudo sumiu. Agora a gente só escuta o mar de Copacabana. [*muda o tom*] As minhas amigas disseram no zap que essa doença não gosta de sol... Você leu isso no zap?

AMANDA:
Não...

LAURITA:
Mas deu no zap. Antigamente, aqui nessa janela, batiam 15 minutinhos de sol. Aí subiram essa merda de hotel aí na frente... e lá se foram os meus 15 minutinhos... Só me restaram dois minutos: das dez e nove às dez e onze. [*animada, pega a cadeira*] Aí eu pego a minha cadeirinha, coloco bem pertinho da janela e fico esperando esse tiquinho de sol...

Breve silêncio.

LAURITA:
De repente passa uma nuvem às dez e oito! E lá se foi toda a minha vitamina D! Ai, me dá um ódio!

Elas riem.

LAURITA:
O seu andar é alto?

AMANDA:
Sétimo.

LAURITA:
Ih, que bom! Andar alto! E bate sol lá?

AMANDA:
Um pouco. Não muito mais no que no da senhora.

LAURITA:
É frente ou fundos?

AMANDA:
Fundos.

LAURITA:
Ah, deve ser uma beleza! Muito mais claridade...

AMANDA:
Eu diria que é um pouco mais claustrofóbico. Eu adoraria ter uma janela pra rua.

LAURITA:
Pra quê? Essa porcaria de rua... Fala sério... A gente não pode sair com uma pratinha no pulso, um colarzinho melhor no pescoço. Antes de tudo isso, eu saía toda arrumadinha, colarzinho, veio um e me arrancou, num instante tava lá no Vidigal...

AMANDA:
É, eles são rápidos.

LAURITA:
Mas eu praguejei: vai gastar tudo com doença! Aí você abre a janela... Esse cheiro azedo o dia inteiro! E a calçada? Olha pra calçada! Toda esburacada! Experimenta sair com um saltinho um pouquinho mais alto: você quebra o fêmur. Velho adora quebrar fêmur! [*olham pela janela, veem alguém escorregar*] Olha lá, não falei?! Por que será que a gente ri quando alguém escorrega? [*muda o tom, melancólica*] Ai, Copacabana... A gente podia sair pra namorar... Ficar até altas horas na praia... Pode não parecer, mas eu fui muito bonita quando era jovem. Copacabana... Cheia de bares, boates, cinema de rua... Você sabe que eu tinha umas amigas que eram ricas — são ricas até hoje, são minhas amigas até hoje —, elas costumavam comprar ingressos pra gente assistir ao show do Vinicius, do Toquinho e do Caymmi, lá no Canecão... Aí, menina, depois do Canecão, nós todas íamos ao Regine's...

Imediatamente entra a música "Copacabana" do Barry Manilow.

LAURITA:
E quando a gente chegava no Regine's, eu não sei se era coincidência ou não, tava sempre tocando Barry Manilow.

AMANDA:
Quem?!

LAURITA:
Barry Manilow!

AMANDA:
Nunca ouvi falar...

LAURITA:
"Copacabana"!

Laurita dança.

LAURITA:
Aí nós todas íamos correndo para o centro da pista, porque lá tinha muita gente importante... Você acredita que uma vez nós fizemos a coreografia pra Liza Minelli? Eu conto isso pra todo mundo! Mas é mentira... cinco, seis, sete, oito e...

Elas dançam, até que Laurita começa a sentir falta de ar.

AMANDA:
E o resto?

LAURITA:
[*arfa*] Que resto, minha filha, eu tô morrendo... Esse enfisema tá me matando.

Laurita se senta. Amanda pega um copo d'água para Laurita.

LAURITA:
O seu também é dois quartos?

AMANDA:
Não, quarto e sala.

LAURITA:
Eu às vezes... às vezes ouço você cantar. Lá na área, quando eu tô pendurando roupa. Eu às vezes ouço você cantando.

Começa-se a ouvir ao fundo Cavalleria Rusticana*: Intermezzo.*

LAURITA:
[*se emociona*] É tão bonito. Quando você canta, é como se a tua voz entrasse por esta sala, derrubasse todas as paredes e de repente... eu estou diante do mar. O mar de Copacabana. Quando você canta, eu me lembro da época em que eu ia ao Municipal.

AMANDA:
Eu me lembro da primeira vez que fui ao Municipal, eu tinha... 17 anos. Eu fiquei toda emocionada quando vi aquela escadaria. E depois, quando entrei no teatro, que eu vi aquelas cortinas vermelhas imensas, as poltronas, as luminárias art déco... até então, eu só tinha visto por foto. Eu fiquei esperando o teatro ir enchendo, enchendo, enchendo... só pra ouvir o burburinho. Porque isso não tinha na foto.

LAURITA:
Eu fui professora do estado... eu te falei que eu fui professora do estado por 35 anos? Professora do estado tinha desconto no Municipal. Eu chegava cedinho, só para poder ficar observando o teatro vazio.

AMANDA:
Teatro cheio é bonito, mas um teatro vazio tem seus mistérios...

LAURITA:
Eu colocava meus brincos de pérolas — não estes, os de pérolas mesmo — uma pashmina azul royal — era azul royal mesmo... Era tudo tão... tão bonito... tão possível. Eu achava que, de um jeito ou de outro, tudo ia dar certo. Eu ia dar certo. O Brasil ia dar certo. Então, menina, quando eu ouço a tua voz cristalina vinda lá do sétimo andar, é para esse tempo que eu vou. [*música some devagar, Laurita se recompõe e muda radicalmente de tom, "metralhando" Amanda com fofocas do prédio*] Eu não entendi nada quando o Seu Auricélio reclamou da tua cantoria na reunião de condomínio.

AMANDA:
Com o Seu Auricélio eu já estou acostumada.

LAURITA:
Logo o Seu Auricélio?! Coronel reformado do Exército. Quando foi eleito síndico, a gente achou que tudo ia ser diferente.

AMANDA:
"A gente" achou?

LAURITA:
Um grosso! E aquele filho dele, com aquele cigarrinho de artista? Pensa que a gente não conhece o cheiro? Aquele ali fala mal de mim com certeza, que já me contaram... Gastei meu latim pra impedir aqui no prédio esse negócio de alugar apartamento pelo computador. Como é o nome disso aí?

AMANDA:
Airbnb?

LAURITA:
Isso, esse negócio aí. Mas, infelizmente, não deu certo.

AMANDA:
Ah, então foi a senhora quem propôs isso?

LAURITA:
É um entra e sai de gente no prédio. Eu fiz isso para o nosso bem.

AMANDA:
Para o "nosso" bem ou para o "seu" bem? A senhora sabe quanto a sua "generosidade" ia atrapalhar a vida de um monte de gente?

LAURITA:
Ah, você me desculpa, viu, menina. Mas eu detesto pegar elevador e ter gente falando um idioma que eu não entendo. Sei lá se não tão falando de mim...!?

AMANDA:
Falando da senhora? A senhora acha que o mundo gira ao seu redor? O aluguel pelo Airbnb pode fazer uma boa diferença nas contas no fim do mês para os donos dos apartamentos.

Amanda calça os tênis para ir embora.

LAURITA:
Mas também pode acabar com o prédio, garota, é latinha de cerveja nas escadas, gente subindo cheio de areia no elevador social, festinhas de madrugada. Mas graças a Deus isso acabou. Quem é que tem coragem de pegar um avião e vir se aglomerar nesta cidade? Agora tá aí, todo mundo com os apartamentos

fechados. O Carnaval já foi pra outubro! A Páscoa, ninguém sabe quando vai ser também! Bem feito. Eu avisei.

AMANDA:
Era só estipular regras, não precisava prejudicar todo mundo. Mas não, a senhora acha que o prédio é uma extensão da sua casa. É a senhora quem vai decidir sobre o aluguel dos outros, sobre a caixa-d'água, a portaria, a garagem...?! A senhora acha que pode arbitrar sobre tudo?

LAURITA:
Posso! Eu uso as áreas comuns do prédio.

AMANDA:
Não, senhora! Todos usam!

LAURITA:
Todos usam, não, ô menina! Todos abusam, isso sim. Aqui ninguém respeita ninguém.

AMANDA:
Eu não preciso ficar aqui ouvindo esse tipo de coisa! Com licença!

Amanda faz que vai embora e Laurita tenta detê-la.

LAURITA:
Com licença, não, ô menina! Você falou da garagem. Toda semana tem um carro parado na minha vaga. Toda semana, o mesmo carro.

AMANDA:
[*racional*] É só a senhora parar o seu carro na vaga dessa pessoa.

LAURITA:
Se cada morador tem sua vaga, custa parar na vaga certa? Custa?

AMANDA:
[*mais racional*] É só uma vaga de garagem.

LAURITA:
É a melhor vaga do prédio! Todo mundo sonha com a minha vaga!

AMANDA:
Então a senhora liga pro síndico e reclama: [*imita voz de Laurita*] "Ô Seu Auricélio, eu não estou conseguindo estacionar o meu carro."

LAURITA:
Que carro, menina? Eu não tenho carro! Eu não dirijo!

AMANDA:
[*chocada*] A senhora está preocupada com uma vaga de garagem sem nem ter um carro?

LAURITA:
Todo dia de manhã, eu acordo bem cedo e vou espiar na garagem. [*indignada*] Aquela desgraça de carro, todo dia, na minha vaga!

AMANDA:
A senhora se dá conta do tamanho do seu egoísmo?

LAURITA:
Eu anotei a placa, quer ver? [*pega um papel e soletra*] P-A-Z 0873.

Amanda se assusta.

LAURITA:
P-A-Z! Paz!! A pessoa para na vaga errada e ainda pede paz!! Um dia estacionaram em cima da faixa. O que os vizinhos vão dizer? "Como a Laurita dirige mal, como a Laurita é desleixada!"

AMANDA:
Mas a senhora nem carro tem!?!

LAURITA:
Ah, mas eu não tive dúvida: peguei minha chave e arranhei o carro inteirinho!

AMANDA:
O carro é meu!

LAURITA:
[*entre constrangida e firme*] Mas quem mandou parar na minha vaga?!

AMANDA:
O que é que isso importa se a senhora não tem carro?! A senhora faz ideia do prejuízo que eu tive?

Breve tempo.

LAURITA:
[*fala para si mesma, baixinho*] Se tivesse parado na vaga certa...

O som da furadeira volta.

LAURITA:
[*se justifica, como uma forma de pedir desculpa*] Quando eu era mocinha e chegava tarde em casa — tarde não é esse horário de vocês hoje em dia, tarde era onze da noite —, a minha mãe me dava um beliscão e gritava: "O que é que os vizinhos vão pensar?" [*Laurita grita para a furadeira e o som para*] Cresci me preocupando com o que os vizinhos vão pensar, entende...?

AMANDA:
A minha placa não é P-A-Z. É F-A-Z.

LAURITA:
Ah, é F...?!

AMANDA:
F, do verbo fazer. [*conjuga, irônica*] Eu fiz, ele fez e a senhora faça o favor de pagar o conserto do meu carro.

LAURITA:
Mas é FAZ?... É F?... Então acho que não fui eu...

AMANDA:
Ah, não foi? Então, nesse caso, a senhora faça o favor de ir ao oculista.

Amanda simula um teste oftalmológico em Laurita, tapando-lhe os olhos.

AMANDA:
Tá melhor assim? Ou assim?

LAURITA:
Repete.

AMANDA:
Melhor esse?

LAURITA e AMANDA:
[*soletram juntas*] F-A-Z...

As duas riem, cúmplices.

AMANDA:
Ai, Dona Laurita...

LAURITA:
Você não quer se sentar? Senta um pouco. Tira o sapato. Não quer tomar aquele café que você não tomou? Senta, enquanto eu lavo a lata de ervilha.

Amanda tira os tênis de novo. Laurita tira da sacola a lata de ervilha em conserva e limpa-a com álcool e pano.

LAURITA:
Você tá ensaiando o quê?

AMANDA:
Mascagni, *Cavalleria Rusticana*.

LAURITA:
Onde que vai *levar*?

AMANDA:
No Municipal. Quer dizer, seria no Municipal. É uma pena, a gente já tava com tudo pronto. Cenário pronto, figurino pronto,

meses de ensaio. Agora eu nem sei quando o Municipal vai abrir...

LAURITA:
Mas vai abrir, vai abrir... E será que eu posso assistir?

AMANDA:
Claro! Eu faço a Santuzza, que é a protagonista.

LAURITA:
Ah, então é importante?

AMANDA:
É, é importante...

AMANDA:
Hoje de manhã eu tava ensaiando uma das partes que eu acho mais bonita, que é quando a Santuzza resolve consolar suas dores com uma senhora mais velha.

Elas reparam na semelhança com as próprias vidas. Breves segundos de suspensão.

LAURITA:
[*animada*] E como é, hein? Como é quando sobe no palco? Acho que o meu coração ia sair pela boca!

AMANDA:
Não tem nada igual. Você pode estar com o maior problema do mundo! Mas na hora em que as luzes se apagam, toca o terceiro sinal, o maestro ergue a batuta no fosso e os refletores se acendem... não tem nada igual.

LAURITA:
Eu vejo você assim tão emocionada... e me lembro de quando eu era jovem, o meu maior sonho era ter uma sala cheia de crianças. Eu tinha tanto pra ensinar.

AMANDA:
Toda sala de aula é um pouco teatro.

LAURITA:
E todo teatro é um pouco sala de aula.

Elas sorriem, cúmplices.

LAURITA:
No colégio onde eu dava aula — eu te falei que eu fui professora do estado por 35 anos? —, lá tinha um teatro... não era um teatrão, não, era um teatrinho pitititinho assim... As crianças faziam lá umas apresentações de fim de ano, aquelas coisas. Mas o tempo foi passando e aquilo virou um depósito de entulho, o que não tava rasgado, tava quebrado. *Eles* não querem, né? *Eles* não têm interesse que as crianças gostem de arte. *Eles* têm medo que as crianças aprendam a pensar.

AMANDA:
A senhora deve ter muitas razões para ter desistido da Educação.

LAURITA:
Não. A educação é que desistiu de mim... Que coisa chata tudo isso, né? Este ano faz 45 anos da nossa formatura. Faltam cinco pra cinquenta!

AMANDA:
E quinze pra sessenta!

LAURITA:
Nós estávamos organizando uma festa de arromba! Minhas amigas me mandaram no zap que enquanto não tiver a vacina, a gente tem que ter projeto. Então nós continuamos organizando a festa. Eu até abaixei um aplicativo...

AMANDA:
Baixou.

LAURITA:
Então, eu abaixei um aplicativo.

AMANDA:
Baixou. Tira o A.

LAURITA:
É por isso que eu gosto de usar a minha cadernetinha, porque aqui eu abaixo o que eu quiser. [*pega a cadernetinha*] A gente tá se organizando assim: a Regina Célia ficou encarregada dos salgadinhos, a Selma é a responsável pelas bebidas, claro, porque aquela... você acha que a Selma bebia Tang? Aquela lá já enfiava o pé na jaca desde jovem... [*ri, maldosa, e faz um gesto com os dedos como se tivesse virando um copo*]

AMANDA:
Que horror...

LAURITA:
[*vaidosa, se valoriza*] Eu tô responsável pelo zap. Eu sou administradora do grupo do zap.

AMANDA:
[*debochada*] É importante...

LAURITA:
É importante! É importante! [*contrariada*] A Ana Paula é responsável pelo bolo.

AMANDA:
Ué, e o seu bom-bocado?

LAURITA:
Eu fui voto vencido... Essa fala mal de mim com certeza, que já me contaram... O *gigei* vai ser o neto da Dirce Maria, só vai tocar música boa... Vai tocar as Frenéticas, música moderna, música boa. Vai tocar Ivete...

AMANDA:
Vai levantar a poeira, hein, Dona Laurita!

LAURITA:
O melhor de tudo é a decoração! A Moema tá fazendo uns cachepôs todos de matelassê grená... A coisa mais linda!

AMANDA:
Lindo...

LAURITA:
É lindo! É lindo! São pequenas alegrias. Por exemplo, eu propus o "embelezamento" da portaria. Aí o síndico veio me dizer que o prédio não tinha dinheiro, vê se tem cabimento? Aí eu pensei: bom, manda embora o porteiro da noite! Eu não saio à noite! Demite o Seu Elias pra fazer caixa.

AMANDA:
[*chocada*] Como assim, manda embora o Seu Elias pra fazer caixa? Então, quer dizer que se dependesse da senhora, o homem que salvou seu apartamento já estaria no olho da rua?

LAURITA:
[*ignora*] Coisa pouca. Trocar aquela ardósia verde por uma coisa mais bonitinha, um mármore.

Laurita tenta mostrar o catálogo para Amanda, que se recusa a ver e começa a se calçar.

LAURITA:
Ai, que coisa chata! Ninguém quer ver! Você acredita que ameaçaram entrar com uma ação se a obra fosse feita, acredita? Algum inadimplente. Se ainda pagasse o condomínio em dia, vá lá... mas dando calote?! Eu não sei quem foi, mas deve ser alguém que fala mal de mim, com certeza...

AMANDA:
Fui eu. Eu estou inadimplente. Eu e mais um monte de gente que perdeu o emprego, pagando o mínimo do cartão de crédito pra não ficar com o nome sujo. Enquanto isso, a senhora preocupada com o "embelezamento" da portaria?! [*sublinha*] Mármore na portaria! [*irônica*] Claro, alguém que recebe tantas visitas...! Quem que a senhora está esperando? É a sua filha, que não aparece nem no Natal?

Laurita se abala com a estocada. Magoada, ela volta às sacolas e começa a listar uma série de erros nas compras. Embate crescente entre elas.

LAURITA:
Farinha de trigo, ok. Detergente, ok. Eu não tô vendo a cervejinha... Você esqueceu da minha cervejinha, menina? Eu não posso ficar sem a minha cervejinha!... Queijo parmesão!? Só de ver esse queijo, já me ataca a intolerância à lactose.

AMANDA:
Toda semana, a mesma lista.

LAURITA:
Se eu gosto de cenoura, eu como cenoura. Não como chuchu.

AMANDA:
[*dura*] Eu tenho pena da senhora.

LAURITA:
[*ignora*] Se eu gostasse de chuchu, eu pediria chuchu. Mas eu gosto de cenoura.

AMANDA:
[*dura*] A senhora é difícil porque é sozinha ou é sozinha porque é difícil?

LAURITA:
[*emocionada, tenta manter a firmeza*] Por trás de cada janelinha lá fora, tem uma velha, ou uma criança, ou um adolescente, ou um traficante, ou uma puta, ou um poodle. Por trás de cada janelinha, tem alguém com uma história, ô menina. Como eu e você. Em Copacabana, ninguém se sente só: uma solidão faz companhia à outra. [*dura*] Bem-vinda. [*se recompõe e muda o tom*] Eu não pedi salsicha. Salsicha dá câncer. Toda hora dá no zap.

AMANDA:
Nem tudo que "dá no zap" é verdade.

LAURITA:

Você tá chamando as minhas amigas de mentirosas?

AMANDA:

O que eu quero dizer é que há outras maneiras mais confiáveis de se informar.

LAURITA:

Mais confiável que a Selma? Que a Dirce Maria? Você veio na minha casa pra falar mal das minhas amigas?

AMANDA:

A senhora tem acompanhado os jornais na TV?

LAURITA:

Não! Porque eu não tenho tempo! Nem a *live* do Roberto Carlos — que eu amo! — eu consegui assistir! Também não vi a *live* do Gil. Minhas amigas disseram que a *live* do Caetano Veloso foi uma beleza, porque ele cantou com os filhos. Mas eu não assisti. Porque é o dia inteiro, da cozinha pra sala, da sala pro banheiro, do banheiro pro quarto. Eu lavo, eu passo, eu arrumo, eu cozinho, eu penduro roupa, eu tiro roupa. Eu olho pra cara do Bartolomeu. Ouvir notícias pra quê? Só tem desgraça! Ainda mais agora, que eu fiquei sem a minha banquetinha capitonê... Eu li no Facebook que esse vírus é um complô de todos os governos do mundo para acabar com os aposentados. E se você quer saber, eu acho que é verdade!

AMANDA:

Eu posso lhe garantir que é mentira! Esse vírus não mata só velhos! Ele mata criança, mata adolescente, mata homens adultos, mulheres adultas... Pelo amor de Deus! A senhora é professora! A senhora leu Paulo Freire, a senhora leu Darcy Ribeiro!

LAURITA:
Eu fui professora do estado por 35 anos — eu te falei que eu fui professora do estado por 35 anos? —, então, minha filha, quero tudo o que eu tenho direito. Eu vou ficar bem viva só pra me vingar! E que conversa esquisita é essa... Vem cá, por que você não fala dessas coisas com teu pai, com a tua mãe? Você não tem pai, não tem mãe, menina?

AMANDA:
Tenho. Ele mora no interior.

LAURITA:
E nunca vem te visitar? Não que eu me interesse pela vida dos vizinhos...

AMANDA:
O meu pai não vem, não. O meu pai queria que eu fosse médica. E aí eu resolvi ser cantora. De ópera, ainda por cima! Ele nunca conseguiu entender que a arte não é uma escolha. Todo dia a mesma briga. "Sabe quanto eu gastei em colégio pra você acabar em cima de um palco, ô menina?" Depois da última briga, a gente nunca mais se falou. A minha mãe era enfermeira. Longe de ser uma aposentada: ela trabalhava em três hospitais, emendando um plantão no outro. Foi logo no começo: febre alta, dificuldade pra respirar... Ela era tão nova! Eu não consegui nem me despedir. Enterro sem velório, uma cova rasa aberta às pressas pra uma fila de caixões. A senhora tem ideia do que é dar a própria vida pra salvar a vida dos outros?

LAURITA:
[*franca*] Eu sinto muito.

AMANDA:

[*dispara*] Eu não venho mais. Acabou. Eu não vou mais fazer as suas compras.

LAURITA:

Eu sei.

Amanda fica surpresa.

LAURITA:

Pode parecer mentira, mas eu não minto. Eu vou sentir sua falta, menina. Dói demais quando desistem da gente. Mas vai passar. Não é isso que todo mundo diz? Vai passar, vai passar. E passa. [*breve pausa, lamenta*] Mas tá demorando muito.

AMANDA:

A senhora faz ideia de há quanto tempo está isolada aqui? A senhora está trancada neste apartamento há meses, sem pôr os pés na rua, sem ver ninguém!

LAURITA:

Mas o filho do sobrinho de uma amiga disse que tem um colega que trabalha no... Esse menino disse que ninguém sabe o risco de contágio. Todo cuidado é pouco. Eu tenho certeza! Eu ouvi no zap!

AMANDA:

A senhora precisa parar de dar ouvidos ao zap. Porque a vida não vai voltar a ser o que foi. Ou pelo menos o que a gente achava que era o "normal". Não tem mais o Canecão, não tem mais o Regine's. Mas o Caymmi tá firme e forte no Posto Seis. O Adilson ainda é chaveiro na Santa Clara e o Seu Paulinho continua apontando o bicho na Siqueira Campos. O quibe da

Galeria Menescal, o biscoito da Confeitaria Gênova, a escadaria do Roxy, o chope da Adega Pérola, as pataniscas do Pavão Azul, o Drummond sentadinho no calçadão. Roubaram os óculos de novo, mas ele tá lá. Dona Laurita, tá tudo no mesmo lugar. O futuro está lá fora, esperando ser criado.

Amanda ameaça sair de cena, mas é detida pela fala de Laurita.

LAURITA:
Muito obrigada pelo conselho, Amanda. E se algum dia você tiver dúvida do que é chicória e o que é espinafre, pode me interfonar. [*terna*] E obrigada pelas bananas.

AMANDA:
Pode deixar. Eu posso te dar um conselho? Liga para a sua filha. Ela vai gostar de ouvir sua voz.

O facho de luz do sol entra na sala. Amanda se dirige para a porta, mas antes vê Laurita se posicionar na cadeira diante da janela para tomar sol.

AMANDA:
Se numa manhã dessas a senhora quiser subir pra tomar um pouquinho mais de sol, toca lá em casa.

Amanda sai e pouco depois, blackout.

LAURITA:
Puta que pariu: a nuvem!!

Cena 2

Na penumbra, Laurita iluminada apenas pela luz que irradia do celular.

LAURITA:
[*fala um pouco baixo, para si mesma, enquanto olha para o celular*] Será que tá indo? Não sei, esse negócio fica piscando... A gente fala, fala, fala, quando vê, não gravou. [*muda o tom, fala normalmente*] Bom, João, como eu tava dizendo no outro áudio, que eu nem sei se gravou, a minha infância foi muito especial. Aquelas infâncias de antigamente, sabe? Você sabe o que é infância de antigamente? Brincar de casinha, brincar de médico, não sei se eu gostava muito de brincar de médico... A gente brincava muito de escolinha! Eu era sempre a professora, claro! Por ironia do destino, João, essa era a brincadeira que a minha filha mais odiava. Bom, eu não vou mentir, você sabe que eu não minto: eu era a mais inteligente da turma! Acho que o meu prazer de ensinar nasceu ali. Eu já te falei que fui professora do estado por 35 anos? Eu tive uma profissão, João. Já a Carolina... Ai, a Carolina, Carolina... A Carolina é assunto para um outro momento. O importante é que a gente se ama. Que ela me ama. Muito.

Cena 3

Focos de luz apenas em Laurita e a filha, Carolina.

CAROLINA:
Mãe?

LAURITA:
Carolina, filha!

CAROLINA:
Você tá pensando no quê?

LAURITA:
Eu tava pensando nos meus netos. A gente mora tão perto e quase nunca se vê.

CAROLINA:
Já reparou que é só eu aparecer pra você começar a me cobrar? Desse jeito era melhor eu nem ter vindo.

LAURITA:
Cortou o cabelo? O que você fez? Teu rosto tá tão bonito! E as crianças? Como é que estão?

CAROLINA:
Estão bem. Bem insuportáveis. Mas estão bem.

LAURITA:
Se prepara. Só piora.

CAROLINA:
[*nota a respiração pesada da mãe*] O que é que houve com a sua respiração?

LAURITA:
Não sei, de uns tempos pra cá eu comecei a ter umas faltas de ar...

CAROLINA:
Você tem que ver isso. Uma moça lá no clube tava com a mesma coisa.

LAURITA:
E aí?

CAROLINA:
Morreu.

LAURITA:
[irônica] Obrigada, Carolina. [objetiva] Qual é o assunto?

CAROLINA:
Agora uma filha precisa de um assunto pra falar com a própria mãe.

LAURITA:
Ô Carolina, olha em volta. Só tem nós duas aqui, filha. Você tá mentindo pra quem? O que aconteceu pra você aparecer?

CAROLINA:
Assim você me ofende.

LAURITA:
Alguma aconteceu! Não foi sempre assim? Você ia fazendo as tuas burradas e eu ia atrás, catando os caquinhos.

CAROLINA:
Por que tudo sempre tem que girar ao seu redor?

LAURITA:
Você quer me contar alguma coisa, é isso? Que foi, filha? Brigou com seu marido? Porque se for isso, eu vou já acender uma vela pro Sagrado Coração de Maria...

CAROLINA:
O que você mais quer é que o meu casamento seja um fracasso igual ao seu.

LAURITA:
Filha, você tinha uma vida brilhante pela frente. Você pode tanta coisa...

CAROLINA:
Posso o quê? Acabar sozinha como você? Eu aposto que você ainda fala mal do meu pai por aí. Que ele se matou por causa da Zélia. Mãe, até quando você vai continuar com as suas mentiras? Até quando você vai dizer que ele te deixou "uma pilha de dívidas e uma filha pra criar"? Quanto tempo vai levar pra você aceitar que ele se apaixonou por outra mulher?

LAURITA:
[*emocionada*] Sabe que eu não sei...

CAROLINA:
Mãe, eu não vim aqui pra brigar. A gente vai viajar para a serra.

LAURITA:
Pro Carnaval?

CAROLINA:
Pra quarentena.

LAURITA:
Quare... quê?

CAROLINA:
Pra se proteger do vírus.

LAURITA:
Mas que vírus?

CAROLINA:
Um vírus mortal que começou a circular... acho que no Oriente Médio.

LAURITA:
Eu moro em Copacabana! Copacabana bem média, se você quer saber! E a Regina Célia me alimenta todos os dias pelo WhatsApp, ela disse que é tipo uma gripezinha. Ô Carolina, eu piso na areia imunda dessa praia desde mocinha e não morri! Filha, brasileiro tem anticorpos pra tudo! Cada dia eles inventam uma doença nova pra vender mais remédio! É dengue, é zika, é ebola, é "vaca louca"! O Brasil tá estragado!

CAROLINA:
O Gilberto vendeu a empresa pra uns chineses, mãe. Eles sabem o que estão falando. Já, já esse assunto vai chegar aqui.

LAURITA:
Vai fazer o que da vida, o preguiçoso? Deu pra ficar rico, pelo menos?

CAROLINA:
Aquilo nunca ia dar dinheiro: fábrica de máscaras descartáveis no Brasil?! [*muda o tom, doce*] Bom, eu, as crianças... as crianças gostariam muito... que você fosse pra serra com a gente.

LAURITA:
Mas minha filha... Você ficou louca? A troco do quê eu vou largar todos os meus compromissos.

CAROLINA:
Que compromissos, mãe?! A hidroginástica? O pilates? O Johrei?

LAURITA:
Carolina, eu já tirei apêndice, amígdala, vesícula... você realmente acha que é um vírus que vai me prender em casa?!

CAROLINA:
Eu não posso te obrigar, claro. Parece que são só 15 dias, mas nunca se sabe.

Elas abaixam a guarda e o clima fica mais ameno.

LAURITA:
Você gostaria que eu fosse?

CAROLINA:
Acho que é uma oportunidade pra nós duas, mãe. E eu não sei quantas outras chances a gente ainda vai ter.

Breve emoção entre elas, mas Laurita põe tudo a perder.

LAURITA:
O traste do seu marido também vai?

CAROLINA:
Sim, o traste do meu marido também vai. [*cruel*] E, pensando bem, eu vou convidar meu pai e a mulher dele. A nova mulher dele. [*sonsa*] Sabia que ele casou de novo?

LAURITA:
Leva um casaquinho. Pra ela.

Cena 4

O cenário se abre e revela que estamos na praia de Copacabana.

Laurita traz uma bolsa. Com o celular na mão, ela grava uma mensagem.

LAURITA:
João, vou falar rapidinho antes que eu esqueça, porque eu tô na rua e é quando a gente tá distraída que esses vagabundos arrancam tudo da gente! Foi assim que uma amiga minha ficou sem o braço. Na verdade, a Lúcia Helena perdeu o braço pro diabetes. Mas puxaram o celular da mão dela e levaram a prótese junto. Só acharam dois dias depois na boca de um cachorro lá no Leme. E o bicho ainda roeu o indicador dela. Agora Lúcia Helena tá lá, não consegue mais apontar nada. Mas aí eu pensei: essa daí fala mal de mim com certeza, que já me contaram. Mas onde é que eu tava mesmo? Ah! Eu fui tomar uma água de coco e lembrei que o meu pai adorava passar as férias na praia. E lá íamos nós à praia, todos os anos! [*muda o tom*] E o preço do coco?! Misericórdia! Daqui a pouco pra tomar uma água de coco, a gente vai ter de deixar um rim pra pagar... [*volta o tom*] Até que um dia nós fomos para a serra. Ah, as férias na serra foram maravilhosas!! [*muda o tom*] E o biscoito Globo?! Uma córnea de tão caro! E murcho! [*volta o tom*] Bom, é isso o que eu queria dizer, João: a serra tem ar puro. E as águas são calmas.

Reencontro de Laurita e Amanda, no calçadão de Copacabana.

AMANDA:
Dona Laurita!

LAURITA:
Amanda! Ô menina! Há quanto tempo! Eu tava aqui acabando de mandar uma mensagem para o... Nossa, a cabeça da gente... A memória embaralha tudo...

AMANDA:
Tá tudo bem com a senhora?

LAURITA:
Tá, tá... Eu passei na costureira, depois fui buscar um exame na Miguel Lemos. Foi tanto tempo em casa, que eu tenho exame marcado até 2040!

AMANDA:
E tá tudo bem com o exame?

LAURITA:
É a chapa do pulmão! É aquele enfisema. Eu conheço cabeça de médico, quando pedem pra refazer o exame... Esse filme eu já vi algumas vezes, e não tem final feliz. Precisa vir um estranho de jaleco branco pra lembrar que a gente não vai estar aqui pra sempre. E aí é um tal de correr atrás do prejuízo! [*muda de assunto, doce*] Nunca mais vi seu carro na minha vaga...

AMANDA:
Tá com saudade de desenhar, Dona Laurita?! [*repete o gesto dela riscando o carro e ri em seguida*] Eu fui passar uns tempos com meu pai.

LAURITA:
Ah, então é por isso que eu não ouço mais a cantoria... Fez as pazes com seu pai?

AMANDA:
[*lamenta*] Meu pai já colocou outra mulher dentro de casa. Cineminha, rodízio de pizza, roda de samba: tudo o que a minha mãe implorava pra eles fazerem juntos, agora ele faz com outra.

LAURITA:
Eu imagino como deve ser difícil pra você. Eu sinto muito. [*dúbia*] Mas... paixão é assim mesmo, menina. A gente não escolhe. De repente, pum!, tá apaixonado.

AMANDA:
E o que é que a senhora entende de paixão pra dar palestrinha?

LAURITA:
[*sem jeito, atrapalhada*] Eu? Eu, nada... [*desconversa*] Você já tomou quantas doses?

AMANDA:
Seis.

LAURITA:
Só?? [*orgulhosa*] Eu tomei 14! Eles mandam tomar vacina e eu corro pro posto de saúde! E as máscaras!? Era tanta máscara dentro de casa que eu transformei tudo em porta-copo!

AMANDA:
Eu pensei muito na senhora. Se tava tudo bem, se a senhora tava precisando de alguma coisa. A senhora seguiu meu conselho? Tem ligado pra sua filha?

LAURITA:
Antigamente, eu achava que a gente tinha dificuldade de conviver porque ela era muito diferente de mim. Mas hoje desconfio que eu e Carolina somos mais parecidas do que a gente é capaz de suportar.

Amanda muda de assunto.

AMANDA:
Ô Dona Laurita, eu tô me mudando do prédio.

LAURITA:
[*lamenta*] Ah, jura?! Ah, mas que pena! Vai pra onde?

AMANDA:
Botafogo!

LAURITA:
Deus me livre! Pra que sair de Copacabana?!

AMANDA:
É mais barato, Dona Laurita!

LAURITA:
Mas não compensa! As pessoas falam tanto de Nova York... eu não entendo. Quem precisa de Nova York quando se tem Copacabana? Tudo que a gente precisa tem aqui: tem sapateiro, tem manicure, tem armarinho.

AMANDA:
Em Botafogo também tem sapateiro, manicure e armarinho.

LAURITA:
Botafogo vira uma corredeira quando chove! Ninguém entra, ninguém sai! Bom, pensando bem, um dia nós vamos ser vizinhas de novo.

AMANDA:
Ah, tomara...

LAURITA:
Tomara, não, com certeza. Eu tenho um cantinho no Cemitério São João Batista.

AMANDA:
Cruz credo, Dona Laurita!

LAURITA:
O quê?! É uma gavetinha, mas é minha.

AMANDA:
Pelo menos é do lado de Copacabana, né? Só não vai dar pra senhora ouvir o mar...

LAURITA:
Tanta correria, tanto desencontro pra todo mundo acabar dentro de uma gavetinha, um do lado do outro, como se fosse um par de meias velhas.

AMANDA:
[*doce*] Dona Laurita, acho que eu encontrei o meu par de meia velha...

LAURITA:
Jura?! Ah, que bonitinho... Como ele se chama?

AMANDA:
Júnior.

LAURITA:
Júnior? Só Júnior?

AMANDA:
[*atrapalhada, disfarça*] A gente ainda tá se conhecendo, mas acho que a gente vai morar junto, logo, logo...

LAURITA:
Quer saber? Você tá certa! Troca Copacabana por Botafogo! Põe homem dentro de casa! A hora de fazer burrada é com essa idade mesmo! Depois a gente fica cheia de salamaleques, enquanto os ponteiros do relógio vão girando cada vez mais rápido na nossa frente. [*fala de forma deslocada*] O segredo da existência é não temer a própria existência. Quem ganha de si mesmo, ganha todas as batalhas.

AMANDA:
Dona Laurita!

LAURITA:
Tô fazendo terapia! Uma amiga me indicou. No começo, fiquei meio com o pé atrás, ela é toda metida a besta só porque mora no Bairro Peixoto.

AMANDA:
Que maravilha! E é que tipo? Freud, Lacan?

LAURITA:
Buda. Não, não me vem com Freud, que eu não respeito quem fala mal de mãe! É um Mestre. Ele se chama Bhagavad Mukundananda, mas eu chamo de João pra facilitar. É aqui na Nossa Senhora de Copacabana. Não entendo metade do que ele diz, mas acho tudo ótimo! "Sinto muito, me perdoe, eu te amo, sou grata." É "Ponopono"! Agora ele tá organizando um retiro de

silêncio em Mauá. Eu não vou, claro, só de pensar que tenho que ficar em silêncio já me dá uma vontade louca de falar... E Mauá?! Mauá vira uma corredeira quando chove! Ninguém entra, ninguém sai! Ah, mas eu tô aprendendo tanta coisa! A controlar a raiva, a viver o agora...

AMANDA:
É só o que a gente tem, o agora.

LAURITA:
Como diz o Mestre, uma sequência de agoras. E passa, né?

AMANDA:
Ó, já passou!

LAURITA:
E passou de novo.

AMANDA:
E de novo.

LAURITA:
E de novo. Mas eu tô pensando em desistir...

AMANDA:
Ah, Dona Laurita, por que a senhora vai parar com a terapia?

LAURITA:
O João vai mudar a sala pro Jardim Botânico! E o Jardim Botânico vira uma corredeira quando chove! Ninguém entra, ninguém sai! Sabe o que eu tô fazendo? Terapia pelo zap! Muito melhor! Não sei como não pensaram nisso antes! Eu vou mandando mensagem à medida que vou lembrando das coisas, entende?

AMANDA:
E não faz falta o olho no olho?

LAURITA:
Eu fico muito mais confortável pra mentir pelo zap!

AMANDA:
Mentir, Dona Laurita?! Se mentir, a terapia não funciona!

LAURITA:
Era só o que me faltava, pagar pra ficar contando fracasso? Eu, não, eu pago pra contar vantagem!

Amanda ri, carinhosa.

LAURITA:
O João me aconselhou a voltar a dar aula. Ele achava — imagina! — que o contato com os jovens poderia "renovar o meu propósito de vida". Pra não parecer que eu tava de má vontade, eu peguei um aluno particular. Você acha que deu certo?! Essa moçada não quer nada com a hora do Brasil, só pensa em Tik Tok! E olha que eu ensinei os meus melhores macetes. "Minha velha e tímida mãe já serviu um nhoque prata."

AMANDA:
O quê?!

LAURITA:
"Minha velha e tímida mãe já serviu um nhoque prata!"

AMANDA:
Nhoque prata?

LAURITA:
Minha: Mercúrio, Velha: Vênus, Tímida: Terra, Mãe: Marte, entendeu?!

AMANDA:
E o ravióli prata?

LAURITA:
É nhoque!! Nhoque prata!

AMANDA:
[*se divertindo, carinhosa*] Ai, Dona Laurita... A senhora não muda... E se mudar, corre risco de piorar!

Elas riem. Breve pausa. Laurita muda de assunto, inesperadamente.

LAURITA:
Eu fui ao Municipal te assistir.

AMANDA:
[*surpresíssima*] Dona Laurita!! A senhora não disse nada!

LAURITA:
[*emocionada*] Eu fiquei tão emocionada com você.

AMANDA:
Mas por que a senhora não falou comigo no final?

LAURITA:
[*atrapalhada, se faz de desentendida*] Hã?

AMANDA:
[*sacando*] Dona Laurita...

LAURITA:
Hã?

AMANDA:
A senhora foi sozinha ao Municipal?

LAURITA:
[*repete*] Hã?

AMANDA:
Dona Laurita, com quem que a senhora foi ao Municipal?

LAURITA:
[*repete*] Hã?

AMANDA:
Eu que te pergunto, hã?

LAURITA:
Lembra da furadeira na minha cabeça? Antenor! Eu tava descendo a Barata Ribeiro e ouvi alguém me chamando. Me atrapalhei toda porque eu tava com o bifocal, é um tal de sobe óculos, desce óculos... "Laurita!" Menina, e eu com aquele bifocal que não faz foco. "Laurita, não se lembra de mim?" Eu, que não me lembro do que comi ontem! "Nós fizemos o clássico juntos!". Nada envelhece mais uma mulher do que alguém dizer que é colega de clássico! O rosto desaba na hora! "Laurita, sou eu, Antenor!" Antenor... Antenor... Conversa vai, conversa vem...

AMANDA:
Dona Laurita, a senhora tá *ficando*?!

LAURITA:
[*sutilmente encabulada*] O Antenor é um homem muito distinto, viúvo também. Nós estamos nos reconhecendo.

AMANDA:
E vocês já transaram?

LAURITA:
Eu te falei que eu fui professora do estado...

AMANDA:
Por 35 anos! Já, já, já falou! Transaram ou não transaram?

LAURITA:
Eu já tinha me esquecido que você também pode ser chata! Eu te dei liberdade algum dia pra fazer esse tipo de pergunta? [*muda o tom, doce*] Foi como passar as férias na serra!! A serra tem montanha, né? Opa, tem montanha à beça! O ar não sufoca: refresca. A água da cachoeira é diferente da água do mar, dispensa a ansiedade das ondas. O curso do rio flui, e quando deságua não mete mais medo. [*muda o tom, melancólica*] Mas logo agora... [*mostra o envelope*] A certeza do fim, impressa numa chapa de acetato.

AMANDA:
E quem disse que precisa ser o fim?

LAURITA:
Ah, menina... Eu demorei demais para ter coragem de fazer esse exame porque eu achei que o raio-X também fotografasse o que a gente sente por dentro: um arrependimento alojado nas vértebras, uma mágoa benigna estacionada na boca do estômago. Mas você ainda é muito nova pra entender...

AMANDA:
A senhora fala como se eu não soubesse o que é mágoa, arrependimento... A senhora se esqueceu de como é ser jovem? A gente pode até não saber que Vênus vem depois de Mercúrio, mas os sentimentos são os mesmos. Dona Laurita, a vida é um carrossel. A gente monta num cavalo e vai girando.

LAURITA:
Só de imaginar já atacou minha labirintite! [*terna*] Se prepara, Amanda: o seu cavalo ainda vai girar muito... E quem sabe se na garupa não vai estar esse Júnior... [*muda o tom*] Mas, vem cá, ninguém é só Júnior. Que Júnior é esse? Ou é Túlio Júnior, ou é Pedro Júnior, ou é Fábio Júnior...

AMANDA:
[*respira fundo e dispara*] Auricélio Júnior!

LAURITA:
Quê?! O filho do síndico?!

AMANDA:
Ex-síndico!

LAURITA:
Deus me livre! E como toca mal aquela flauta doce!

AMANDA:
Ai, Dona Laurita, ele ainda tá aprendendo. Tudo bem, faz dez anos que ele tá aprendendo... Mas pra ele melhorar, ele tem que tocar! Ele até conseguiu um bico num barzinho aqui da Atlântica!

LAURITA:
Coitados dos turistas!

AMANDA:
O Júnior é fofo, é educado, é simpático... e ele toca mal pra caralho! Mas os velhos adoram, eu vou fazer o quê?! Aliás, será que a senhora não tem nenhuma amiga que vai dar uma festa, pra indicar ele?

LAURITA:
Tenho! A festa dos 45 anos da turma! Já virou a festa dos 55 anos, de tanto que remarcaram! Também, marcaram na Barra...

E a Barra vira uma corredeira quando chove, ninguém entra, ninguém sai... Eu mandei fazer um vestido bem simplesinho. De renda. Acetinado. Verde. Tiffany. Todo cravejado de cristais. É bem discretinho... [*muda o tom*] Mas... Mas eu não sei se vou ter fôlego pra chegar até lá...

AMANDA:
Dona Laurita, a senhora quer que eu abra seu exame? Por que se tem uma coisa que a morte da minha mãe me ensinou, é que nessa vida a gente não pode deixar nada pra depois.

Laurita aceita. Um breve momento de emoção e tensão das duas. Amanda levanta a chapa de Laurita contra a luz e depois lê o laudo.

AMANDA:
Dona Laurita... a senhora parece saudável.

LAURITA:
Saudável?! Você pirou?

AMANDA:
Parênquima pulmonar sem anormalidades, restante da transparência pulmonar normal... Dona Laurita, a senhora tá saudável! Há quanto tempo a senhora parou de fumar?

LAURITA:
Fumar? Eu nunca fumei!

AMANDA:
Mas então... como a senhora tem enfisema?

LAURITA:
Eu tenho enfisema! Eu vi no Google!

AMANDA:
O Google não é médico!

LAURITA:
Mas entende bastante de doença! Nem sei pra que a gente paga uma fortuna de plano de saúde se tem tudo no Google! Vê aí os sintomas do enfisema!

Laurita entrega o celular a Amanda. Amanda digita.

AMANDA:
En-fi-se-ma.

LAURITA:
Com S.

AMANDA:
[*pegando o celular*] Sensação crônica de falta de ar?

LAURITA:
Tenho!

AMANDA:
Tosse?

LAURITA:
Ô! [*e tosse, pela primeira vez*]

AMANDA:
Produção crônica de muco?

LAURITA:
Eu sou um catarro só!

AMANDA:
Dona Laurita, a senhora não tem enfisema!! Eu vou dar o seu diagnóstico: é angústia! Angústia crônica! Agravada por excesso de zap! E pra essa doença não tem vacina!

Breve silêncio. Até que cai a ficha de Laurita. Ela ameaça ir embora. Amanda a detém.

AMANDA:
Ô Dona Laurita...

LAURITA:
Mas então... Quer dizer que eu não vou morrer?

AMANDA:
[*corrige, sarcástica*] Morrer, vai. Mas não de enfisema. A senhora ainda tem muita vida pela frente! E uma lista de coisas pra fazer! Aliás, uma lista de coisas que a senhora já tá fazendo! A senhora tá com um novo amor...

LAURITA:
Eu tô.

AMANDA:
A senhora tá subindo a serra...

LAURITA:
Eu tô.

AMANDA:
A senhora tá fazendo terapia.

LAURITA:
Eu tô.

AMANDA:
E ainda tem a sua festa!

LAURITA:
Ainda tem a minha festa!

Laurita pega o vestido na bolsa e o veste sobre a roupa que está usando, com normalidade, como se estivesse em casa, com a ajuda de Amanda, se preparando para a festa.

LAURITA:
As minhas amigas vão ficar de queixo caído quando eu entrar na festa com aquele pão de homem! Porque as que não são viúvas estão casadas com cada um... Sabe homem que tem barriga pontuda e mais cabelo na orelha do que na cabeça?

Começa a tocar música para Laurita "entrar" na festa.

LAURITA:
Aí eu entro na festa! De renda!

AMANDA:
Acetinada!

LAURITA:
Verde!

AMANDA:
Tiffany!

LAURITA:
E todo mundo me elogia!

AMANDA:
"Laurita, como você remoçou!"

LAURITA:
E eu respondo, bem metida: "Você acha? Felicidade faz bem pra pele." A Selma ali no canto, de pilequinho. [*acena de longe*] Regina Célia! É nessa hora que todo mundo me parabeniza pelo meu bom-bocado!

AMANDA:
Ué, e o bolo da Ana Paula?

LAURITA:
[*vitoriosa*] A Ana Paula foi barrada na festa porque não tomou vacina! Buuuuurra!! Não te falei que eu tô aprendendo a controlar a raiva? Sinto muito, me perdoe, eu te amo, eu sou grata... e vai tomar no cu. É "Ponopono"!

As duas dançam como se estivessem na festa e depois se sentam.

LAURITA:
Lá pelas duas da manhã, o Antenor sussurra baixinho no meu ouvido: "O rapaz da flauta doce vai começou a tocar. Eu tenho um plano melhor pra nós dois." E lá vamos nós subir a serra!

AMANDA:
[*terna*] Ah, Dona Laurita... eu tava com saudades, sabia?

LAURITA:
Eu também, minha filha.

Amanda registra que Laurita a chamou de filha.

AMANDA:
O sol já tá se pondo.

LAURITA:
[*pega a bolsa como se fosse embora*] Eu tenho que ir! Cuidar do Bartolomeu, assistir à minha novela!

AMANDA:
Fica. Há quanto tempo a senhora não vê a lua subir no mar de Copacabana?

Elas observam um pouco, em seguida Laurita pega o celular na bolsa e manda uma mensagem.

LAURITA:
João, tô mandando essa mensagem só para dizer que a lua subindo no mar de Copacabana é a sequência de agoras mais bonita que existe... [*desliga e fala para Amanda*] E isso não é mentira.

Elas sorriem, doces. A lua surge no horizonte.

LAURITA:
Que lua mais linda! Cheia. Cheia de possibilidades.

AMANDA:
Dona Laurita, põe o bifocal, isso daí é o poste. A lua tá ali.

Elas riem do engano e conversam olhando para o céu.

AMANDA:
Olha lá, como brilha!

LAURITA:
[*doce*] É o nhoque prata.

Elas sorriem.

LAURITA:
Já aprendeu a diferença entre chicória e espinafre?

AMANDA:
Na chicória, a folha é comprida. No espinafre, a folha é curta.

Laurita concorda com a cabeça, orgulhosa. Breve tempo.

AMANDA:
Reparou?

LAURITA:
No quê?

AMANDA:
A sua falta de ar. Passou.

Laurita se surpreende e sorri em seguida.

As luzes caem em resistência, enquanto Laurita e Amanda contemplam a lua, iluminadas pelo brilho das estrelas.

No blackout o

FIM

Agradecimentos

Lilia Cabral, Giulia Bertolli, Guilherme Piva e Celso Lemos, *A Lista* não existiria sem o talento e as valiosas contribuições de vocês. Muito obrigado pela parceria e pela generosidade.

Meu mais sincero agradecimento também às equipes criativa e técnica, que transformam *A Lista* em realidade todas as noites no palco.

Ana Beatriz Nogueira e André Junqueira, que com o convite para participar da campanha Teatro Já, permitiram que *A Lista* fosse criada.

CIP-BRASIL. CATALOGAÇÃO NA PUBLICAÇÃO
SINDICATO NACIONAL DOS EDITORES DE LIVROS, RJ

P719L

Pinheiro, Gustavo

A lista / Gustavo Pinheiro. - 1. ed. - Rio de Janeiro : Cobogó, 2023.

(Dramaturgia)

ISBN 978-65-5691-093-2

1. Teatro brasileiro. I. Título. II. Série.

22-81550   CDD: 869.2
           CDU: 82-2(81)

Meri Gleice Rodrigues de Souza - Bibliotecária - CRB-7/6439

© Editora de Livros Cobogó, 2023

Editora-chefe
Isabel Diegues

Editoras
Aïcha Barat
Valeska de Aguirre

Gerente de produção
Melina Bial

Assistente de produção
Carina Faleiro

Revisão final
Eduardo Carneiro

Projeto gráfico de miolo e diagramação
Mari Taboada

Capa
Gilmar Padrão Jr.

Foto de capa
Pino Gomes

Todos os direitos reservados à
Editora de Livros Cobogó Ltda.
Rua Gen. Dionísio, 53, Humaitá
Rio de Janeiro — RJ — Brasil — 22271-050
www.cobogo.com.br

Coleção Dramaturgia

ALGUÉM ACABA DE MORRER LÁ FORA, de Jô Bilac

NINGUÉM FALOU QUE SERIA FÁCIL, de Felipe Rocha

TRABALHOS DE AMORES QUASE PERDIDOS, de Pedro Brício

NEM UM DIA SE PASSA SEM NOTÍCIAS SUAS, de Daniela Pereira de Carvalho

OS ESTONIANOS, de Julia Spadaccini

PONTO DE FUGA, de Rodrigo Nogueira

POR ELISE, de Grace Passô

MARCHA PARA ZENTURO, de Grace Passô

AMORES SURDOS, de Grace Passô

CONGRESSO INTERNACIONAL DO MEDO, de Grace Passô

IN ON IT | A PRIMEIRA VISTA, de Daniel MacIvor

INCÊNDIOS, de Wajdi Mouawad

CINE MONSTRO, de Daniel MacIvor

CONSELHO DE CLASSE, de Jô Bilac

CARA DE CAVALO, de Pedro Kosovski

GARRAS CURVAS E UM CANTO SEDUTOR, de Daniele Avila Small

OS MAMUTES, de Jô Bilac

INFÂNCIA, TIROS E PLUMAS, de Jô Bilac

NEM MESMO TODO O OCEANO, adaptação de Inez Viana do romance de Alcione Araújo

NÔMADES, de Marcio Abreu e Patrick Pessoa

CARANGUEJO OVERDRIVE, de Pedro Kosovski

BR-TRANS, de Silvero Pereira

KRUM, de Hanoch Levin

MARÉ/PROJETO BRASIL, de Marcio Abreu

AS PALAVRAS E AS COISAS, de Pedro Brício

MATA TEU PAI, de Grace Passô

ÃRRÃ, de Vinicius Calderoni

JANIS, de Diogo Liberano

NÃO NEM NADA, de Vinicius Calderoni

CHORUME, de Vinicius Calderoni

GUANABARA CANIBAL, de Pedro Kosovski

TOM NA FAZENDA, de Michel Marc Bouchard

OS ARQUEÓLOGOS, de Vinicius Calderoni

ESCUTA!, de Francisco Ohana

ROSE, de Cecilia Ripoll

O ENIGMA DO BOM DIA, de Olga Almeida

A ÚLTIMA PEÇA, de Inez Viana

BURAQUINHOS OU O VENTO É INIMIGO DO PICUMÃ, de Jhonny Salaberg

PASSARINHO, de Ana Kutner

INSETOS, de Jô Bilac

A TROPA, de Gustavo Pinheiro

A GARAGEM, de Felipe Haiut

SILÊNCIO.DOC, de Marcelo Varzea

PRETO, de Grace Passô, Marcio Abreu e Nadja Naira

MARTA, ROSA E JOÃO, de Malu Galli

MATO CHEIO, de Carcaça de Poéticas Negras

YELLOW BASTARD, de Diogo Liberano

SINFONIA SONHO, de Diogo Liberano

SÓ PERCEBO QUE ESTOU CORRENDO QUANDO VEJO QUE ESTOU CAINDO, de Lane Lopes

SAIA, de Marcéli Torquato

DESCULPE O TRANSTORNO, de Jonatan Magella

TUKANKÁTON + O TERCEIRO SINAL, de Otávio Frias Filho

SUELEN NARA IAN, de Luisa Arraes

SÍSIFO, de Gregorio Duvivier e Vinicius Calderoni

HOJE NÃO SAIO DAQUI, de Cia Marginal e Jô Bilac

PARTO PAVILHÃO, de Jhonny Salaberg

A MULHER ARRASTADA, de Diones Camargo

CÉREBRO_CORAÇÃO, de Mariana Lima

O DEBATE, de Guel Arraes e Jorge Furtado

BICHOS DANÇANTES, de Alex Neoral

A ÁRVORE, de Silvia Gomez

CÃO GELADO, de Filipe Isensee

PRA ONDE QUER QUE EU VÁ SERÁ EXÍLIO, de Suzana Velasco

DAS DORES, de Marcos Bassini

VOZES FEMININAS — NÃO EU, PASSOS, CADÊNCIA, de Samuel Beckett

PLAY BECKETT — UMA PANTOMIMA E TRÊS DRAMATÍCULOS (ATO SEM PALAVRAS II | COMÉDIA/PLAY | CATÁSTROFE | IMPROVISO DE OHIO), de Samuel Beckett

MACACOS — MONÓLOGO EM 9 EPISÓDIOS E 1 ATO, de Clayton Nascimento

COLEÇÃO DRAMATURGIA ESPANHOLA

A PAZ PERPÉTUA, de Juan Mayorga | Tradução Aderbal Freire-Filho

ATRA BÍLIS, de Laila Ripoll | Tradução Hugo Rodas

CACHORRO MORTO NA LAVANDERIA: OS FORTES, de Angélica Liddell | Tradução Beatriz Sayad

CLIFF (PRECIPÍCIO), de José Alberto Conejero | Tradução Fernando Yamamoto

DENTRO DA TERRA, de Paco Bezerra | Tradução Roberto Alvim

MÜNCHAUSEN, de Lucía Vilanova | Tradução Pedro Brício

NN12, de Gracia Morales | Tradução Gilberto Gawronski

O PRINCÍPIO DE ARQUIMEDES, de Josep Maria Miró i Coromina | Tradução Luís Artur Nunes

OS CORPOS PERDIDOS, de José Manuel Mora | Tradução Cibele Forjaz

APRÈS MOI, LE DÉLUGE (DEPOIS DE MIM, O DILÚVIO), de Lluïsa Cunillé | Tradução Marcio Meirelles

COLEÇÃO DRAMATURGIA FRANCESA

É A VIDA, de Mohamed El Khatib | Tradução Gabriel F.

FIZ BEM?, de Pauline Sales | Tradução Pedro Kosovski

ONDE E QUANDO NÓS MORREMOS, de Riad Gahmi | Tradução Grupo Carmin

PULVERIZADOS, de Alexandra Badea | Tradução Marcio Abreu

EU CARREGUEI MEU PAI SOBRE MEUS OMBROS, de Fabrice Melquiot | Tradução Alexandre Dal Farra

HOMENS QUE CAEM, de Marion Aubert | Tradução Renato Forin Jr.

PUNHOS, de Pauline Peyrade | Tradução Grace Passô

QUEIMADURAS, de Hubert Colas | Tradução Jezebel De Carli

COLEÇÃO DRAMATURGIA HOLANDESA

EU NÃO VOU FAZER MEDEIA, de Magne van den Berg | Tradução Jonathan Andrade

RESSACA DE PALAVRAS, de Frank Siera | Tradução Cris Larin

PLANETA TUDO, de Esther Gerritsen | Tradução Ivam Cabral e Rodolfo García Vázquez

NO CANAL À ESQUERDA, de Alex van Warmerdam | Tradução Giovana Soar

A NAÇÃO — UMA PEÇA EM SEIS EPISÓDIOS, de Eric de Vroedt | Tradução Newton Moreno

2023

1ª impressão

Este livro foi composto em Calluna.
Impresso pela Imos Gráfica e Editora,
sobre papel Pólen Bold 70g/m².